✢✢✢✢✢✢✢✢✢✢✢✢✢✢✢✢✢✢✢✢✢✢✢✢✢✢✢✢✢✢✢✢✢

# MÉMOIRE

DE

# M. ANTOINE-AMABLE DE CHANTEMERLE

## VICAIRE GÉNÉRAL

### SUR L'ÉPISCOPAT DE Mᴳᴿ DE MESSEY

#### ÉVÊQUE DE VALENCE

Avant de commencer le texte d'un document qui nous révèle les péripéties de l'administration diocésaine de Valence, pendant les cinq premières années de la Révolution, il est nécessaire de se faire une juste idée de la confusion qui régna dans les esprits, au moment où le serment fut exigé de tous les évêques et prêtres qui voulaient conserver les titres ecclésiastiques dont ils étaient pourvus.

La loi du 26 décembre 1790 [1], qui prescrivait le serment, était promulguée par le Roi, et quoique dans ses préambules elle rappelât les décrets de l'Assemblée nationale des 12 et 13 juillet 1790, concernant la Constitution civile du Clergé, la teneur de ces décrets était peu connue du clergé du second ordre. On savait que le Roi avait consulté Pie VI et, habitués à unir le trône à l'autel, les prêtres étaient naturellement portés à interpréter la Constitution dans le sens le plus favorable à la doctrine catholique. Aussi, vit-on les ecclésiastiques les plus respectables et les plus instruits se transporter aux greffes des municipalités et déclarer vouloir prêter le serment prescrit par le Roi, pour conserver les titres dont ils étaient pourvus [2].

---

1. Cette loi mettait en vigueur le décret de l'Assemblée nationale du 27 novembre 1790.

2. Ceux qui ne prêtaient pas le serment étaient censés démissionnaires et on devait pourvoir à leur remplacement ; ils n'encouraient pas d'autre pénalité

*La formule du serment était simplement captieuse; en voici le texte :*

Je jure de veiller avec soin sur les fidèles du diocèse *(ou de la paroisse)* qui m'est confié, d'être fidèle à la nation, à la loi et au Roi, et de maintenir de tout mon pouvoir la Constitution décrétée par l'Assemblée nationale et acceptée par le Roi.

*Néanmoins, les prêtres du diocèse de Valence mirent presque tous des restrictions péremptoires à la formule de leur serment : ils ne s'engageaient à maintenir la Constitution acceptée par le Roi qu'en ce qui n'était point contraire à la Religion et aux droits de l'Église catholique, se réservant de le rétracter si le Souverain Pontife, qu'on voulait consulter, leur en faisait un devoir.*

*Tous ces prêtres vénérables, que nous trouverons plus tard parmi les confesseurs de la foi, n'auraient point été taxés d'ignorance ou de faiblesse, si nous pouvions lire les explications qu'ils donnèrent alors de leur intention, sur les registres des Districts ; mais, dans les révolutions, les évènements se précipitent et, à défaut de raison et de force, on multiplie les lois, comme si elles pouvaient tenir lieu de l'une et de l'autre.*

*Le clergé, qu'on voulait asservir sous prétexte de l'affranchir des entraves de l'ancien régime, avait, par les restrictions du serment, amorti le coup qu'on portait à son honneur et, le 4 janvier 1791, un décret de l'Assemblée nationale, publié par le Roi le 9 suivant, statuait que :* le serment serait prêté purement et simplement, sans qu'aucun des ecclésiastiques puisse se permettre des préambules, des explications ou des restrictions.

*Le Directoire du département de la Drôme ayant fait publier*

<hr>

(Loi du 26 décembre, art. 3). *Le registre du greffe de Valence n° 7 constate que les curés, vicaires et bénéficiers de la cathédrale se montrèrent disposés à prêter le serment; les prêtres du St-Sacrement, qui n'avaient plus de fonction officielle, et les professeurs de l'Université ne s'y croyaient point obligés; mais deux prêtres du St-Sacrement, dont l'un était aumônier de la Visitation, l'autre principal du collège de Chabeuil, se considérant comme fonctionnaires, ne firent pas difficulté de s'inscrire pour la prestation du serment en la forme et avec les solennités prescrites; Blaise Delaye, bibliothécaire de l'Université, en fit autant :* bien persuadé, dit-il, que le serment exigé par led. décret ne renferme rien de contraire à ce que me dicte la conscience, après un long et sérieux examen que j'en ay fait... *(Archives de l'Évêché.)*

cette loi le 25 janvier 1791, les greffiers s'abstinrent d'inscrire, sur leurs registres, les restrictions formulées par les ecclésiastiques; et il ne faut pas juger, par ces documents, la conduite de prêtres qui déclarent devant M. Bécherel, ancien évêque constitutionnel, qu'ils ont mis des réserves à leur serment et qu'ils l'ont rétracté dès qu'ils ont appris que le Souverain Pontife le condamnait, au risque de perdre, à la fois, leurs bénéfices, leur liberté et peut-être leur vie.

Pie VI condamna le serment civique par un Bref du 13 avril 1791 ; mais la teneur de ce Bref, dont la publication avait été interdite, dont les copies étaient minutieusement recherchées par la police, ne parvint que fort tard à la connaissance du clergé. Ce ne fut guère qu'en 1795, alors que l'Assemblée eut décrété que chacun était libre de professer le culte qui lui plairait, que les assermentés purent connaître les décisions du Père commun des fidèles. Or, il n'y avait alors, à Valence, qu'un seul vicaire-général, M. de Chantemerle, connu comme tel du clergé. Mgr de Messey avait émigré, M. Delord s'était retiré à Mantes-sur-Seine et le chanoine de Monicault, qui avait aussi le titre de vicaire-général honoraire, se tenait caché dans les montagnes de l'Ardèche.

M. Perrin, curé de la cathédrale, et Pascal Ducros, curé de Châteaudouble, vinrent les premiers se jeter aux pieds de M. de Chantemerle. Il les releva des censures qu'ils avaient encourues et les autorisa à reprendre les fonctions ecclésiastiques dans leurs paroisses respectives.

La légitimité de leur rétractation fut contestée, d'abord parce qu'on n'avait pas soumis ces prêtres à une pénitence publique et que leur rétractation n'avait pas été faite par écrit ; ensuite parce qu'on contesta à M. de Chantemerle la légitimité des pouvoirs dont il avait dû user pour les absoudre de leurs censures [1].

C'est pour sa propre défense que M. de Chantemerle écrivit le

---

1. Il fut accusé d'avoir cessé de correspondre avec son évêque, d'avoir prêté le serment de Liberté et Égalité, et enfin d'avoir déclaré au district qu'il cessait toute fonction. M. de Chantemerle se disculpe dans son mémoire et, quant au serment de Liberté et Égalité, le seul qu'il eût prêté, Mgr l'archevêque de Vienne déclara, dans sa lettre pastorale du 30 mai 1796 (p. 14), que ceux qui l'avaient prêté n'avaient encouru, par là, aucune censure.

*mémoire que nous publions, mais, succombant bientôt sous le poids des infirmités qu'il avait contractées et des ennuis de toute sorte qui l'accablaient, il mourut, entre les bras de M. Perrin, le 23 novembre 1795. Sa mort ne mit pas fin à la discussion, qui devenait d'autant plus vive que ceux qui en étaient l'objet éprouvaient plus de répugnance à cesser toute fonction et à se reconnaître coupables de témérité et de revolte contre l'autorité légitime, en face de leurs paroissiens.*

*M. Perrin recueillit toute la correspondance de M. de Chantemerle et l'envoya à M. Pascal Ducros, en le priant de faire un mémoire pour leur défense commune. Le mémoire fut commencé, mais la lettre pastorale du 2 octobre 1796 de Mgr de Messey, déclarant nulles toutes les rétractations faites entre les mains de MM. de Chantemerle et Delord, ses deux premiers vicaires-généraux, le rendit inutile.*

*Le 11 janvier 1797, M. Pascal Ducros, ayant entendu parler de la lettre de son Évêque légitime, cessa la célébration de la ste Messe et l'audition des confessions autres que celles des malades en danger de mort. Il envoya sa rétractation écrite à M. Mézard, ancien supérieur des prêtres du St-Sacremeut, qui avait été pourvu du titre de vicaire-général de Mgr de Messey.*

*Le 11 avril suivant, après trois mois de pénitence, M. Ducros fut relevé de ses censures et autorisé à reprendre les fonctions ecclésiastiques dans sa paroisse de Châteaudouble. De plus amples pouvoirs lui furent encore accordés, le 28 mai 1797, jour où il fut chargé d'administrer, en même temps que sa paroisse de Château-double, celle de Combovin [1]. M. Perrin, curé de la cathédrale, ne tarda pas à suivre l'exemple de son confrère, bien que les termes du Bref du 13 avril 1791, sur les pénitences et les réparations des scandales donnés par la prestation du serment, ne fussent pas aussi précis qu'on le supposait, et ne respirassent pas cette sévérité des premiers siècles de l'Église dont usait Mgr de Messey envers les prêtres qui demandaient à rétracter le serment et à reprendre leurs fonctions ecclésiastiques. Le 4 mai 1797, il comparut devant les délégués de l'autorité diocésaine, à Châteaubourg, se soumit à la*

1. Les actes du 11 avril et du 28 mai 1797 sont signés des vicaires généraux Mézard et Montvildeau (Archiv. de l'évêché).

*pénitence qu'on lui imposa et, le 3 août de la même année, Mgr de Messey, satisfait de son repentir, autorisa son vicaire-général, M. Montvildeau, à l'absoudre de ses censures et à lui rendre l'exercice des fonctions attachées à son titre, dans un oratoire privé* [1].

*Ces vénérables ecclésiastiques ne devaient pas jouir longtemps en paix des fruits de leur pénitence. Les articles 6 et 7 de la loi du 26 décembre 1790 rendaient passibles des tribunaux, comme perturbateurs de l'ordre public, ceux qui manquaient à leur serment ; la loi des suspects fut appliquée, par le Directoire, aux réfractaires et, une année s'était à peine écoulée depuis le jour où ils avaient repris leurs fonctions, que tous les prêtres signataires d'une ré-tractation écrite étaient exposés aux plus grands dangers. L'ar-restation de P. Fédon, à l'hospice de Die, avait mis aux mains de la police les rétractations d'une quinzaine de prêtres, qui avaient été immédiatement arrêtés et conduits aux prisons de Valence : la Terreur commençait !*

*M. Pascal Ducros, ne se sentant plus en sûreté, résolut de prendre la fuite et, pour ne rien laisser derrière lui de compromettant, il enferma dans un sac de toile tous les papiers de M. de Chante-merle qui lui avaient été communiqués par M. Perrin, sa rétrac-tation écrite, ses feuilles de pouvoirs et la volumineuse correspon-dance qui avait trait à la première rétractation. Soulevant une planche au seuil de la porte de sa chambre, il trouva dans le mur une cavité suffisante pour y cacher ce dépôt ; et, après avoir fait disparaître tout indice capable de le dévoiler à la police, il s'éloi-gna de Châteaudouble.*

*La Providence a permis que ces documents restassent dans l'ou-bli jusqu'au printemps de l'année 1881. Le conseil de fabrique fit réparer alors, au presbytère de Châteaudouble, la chambre habitée, vers la fin du siècle dernier, par M. Pascal Ducros, et, c'est en démolissant les planches que les ouvriers découvrirent les papiers que ce vénérable ecclésiastique avait perdus de vue, ayant été suc-cessivement pourvu, après le concordat, des titres de desservant de Peyrus et de curé de Chabeuil.*

1. *C'est par condescendance qu'on n'exigea pas de M. Perrin une rétracta-tion publique, en présence des fidèles de la paroisse de la cathédrale (Lettre précitée : Archives de l'Évêché).*

*Malheureusement les rats, cruels ennemis des documents histori-*
*ques, ont fait disparaître çà et là quelques phrases du manuscrit*
*que nous publions. A l'aide des correspondances de l'auteur, nous*
*avons pu en rétablir la plus grande partie et nous croyons n'avoir*
*rien écrit qui ne soit sorti de la plume de M. de Chantemerle.*

M. de Grave, évêque de Valence, étant mort à Paris en 1788, je formai le projet de ne prendre aucun engage-
ment avec son sucesseur ; et, pour y parvenir plus sûrement,
je représentai à l'abbé Daurelle, mon oncle [1], qu'étant dans
un âge avancé, il avoit besoin de repos ; sentant bien que, s'il
vouloit être quelque chose sous le nouveau règne, je serois né-
cessairement entraîné à prendre le même parti. Mon oncle ne
me dit rien de positif à cet égard, il me dit seulement qu'il ne
se jetteroit jamais à la tête de personne ; mais, ne montrant
aucune répugnance à être quelque chose, si on s'adressoit à
luy. Il persista dans ces dispositions pendant la vacance du
siège, sans prendre d'autre détermination.

Le jour même que M. de Messey fut nommé à l'évêché de
Valence, M. l'archevêque de Lyon se donna la peine d'en écrire
à mon oncle et à moy. Par celle qui me fut adressée, M. l'archevêque de Lyon m'invita de m'attacher au nouvel évêque et,
comme cet archevêque m'avoit promis de me débarasser de
mon abbaie de St Rambert, dont j'avois emploié tout le revenu
en réparations, je pensai à me désister de mes premières idées ;
et aiant fait mon compliment à M. de Messey, il me fit la réponse la plus honnête, [me dis]ant qu'il comptoit bien que je
voudrois être son officiai [et son gran]d vicaire, comme je l'a-
vois été de M. de Grave. Je [répondis de] mon mieux à son invitation, et le lendemain de [ce jour il] m'envoia des lettres
d'officiai et de grand vicaire, [ainsi que sa pr]ocuration pour
prendre possession de son évêché. [Diverses] affaires du nouvel évêque le retinrent assés longtemps [loin de sa ville, et] il
ne parut à Valence que vers les der[niers jours de 1790. . . .

1. *L'abbé Daurelle était secrétaire général de l'Evêché sous Mgr de Grave.*

. . . . . . . . . . . . |

Des députés des authorités constituées se rendirent à l'évêché, pour sçavoir s'il étoit dans la disposition de prêter le serment constitutionnel ; ils le virent déterminé à le refuser ; et la chose s'étant répandue, on tint des propos très violents contre luy. Plusieurs personnes sages pensèrent que, dans les circonstances, il ne seroit pas prudent qu'il fit un plus long séjour à Valence, que les têtes y étoient montées à un point d'effervescence à faire appréhender qu'un plus long séjour dans la ville l'exposeroit, ainsi que son chapitre. On me pressa fort de l'engager à s'en retourner, ce que je ne manquai pas de faire, aidé de quelques personnes qui luy représentèrent, ainsi que moy, le danger comme très imminent.

M. de Valence partit pour Lyon. où il séjourna quelque temps. Peu après son départ de Valence, les électeurs du département s'y rendirent pour nommer à l'évêché. Le jour même où devoit commencer l'assemblée, un ecclésiastique se rendit chés moi, vers les huit heures du matin. Il me dit qu'il venoit me trouver de la part de quelques uns des principaux électeurs. qui s'étant aperçus que quelques personnes allant de cabaret en cabaret pour demander des suffrages aux électeurs campagnards. ils appréhendoient qu'il ne se fit un mauvais choix ; que pour prévenir le mal, sçachant que j'étois estimé dans le diocèse de Valence et les diocèses voisins, ils l'avoient envoié chés moi pour sçavoir si je voulois accepter l'évêché et me dire que, si je donnois ma parole, ils étoient certains de me faire nommer au premier scrutin, si je ne l'étois par acclamation. Je répondis à l'ecclésiastique que j'étois bien sensible à ce qu'on vouloit fa[ire pour m]oi, mais que ces M<sup>rs</sup> me faisant l'honneur de m'i[nformer de leurs désirs, je tenois à conserver] leur estime. que je perdrois cert[ainement si j'osais occuper une] place qui n'étoit pas vacante : et [qu'ils travailleroient plus efficacement pour le] bien, s'ils vouloient user de leur [influence auprès des électeurs pour faire] confirmer M. de Messey, qui étoit l'[évêque légitime]. Il me fut observé alors que les électeurs remar[queroient que] M. d[e Messey avoit déjà affirmé qu'il] ne prêteroit pas le serment constitutionnel : à quoy je dis que je

ne le prêterois pas non plus, et l'ecclésiastique qui avoit promis de rendre réponse avant qu'on s'assemblat, se retira tout
de suite.

M. de Messey fut instruit de tout ce qui s'étoit passé avant
que je luy en écrivisse ; car il me manda de Lyon, qu'on luy
avoit appris que j'avois refusé son évêché ; et après avoir encore passé quelque temps à Lyon, il pritla route de Nancy, où
j'eus l'honneur de luy écrire plusieurs fois. Il m'apprit de là
qu'il devoit se retirer à Manheim dans le Palatinat avec sa famille ; il partit même plutôt de Nancy qu'il me l'avoit dit ; car
trois de mes lettres furent renvoiées au Bureau de Valence,
lesquelles me furent rendues par M. Monicault.

Je continuai ma correspondance avec M. de Valence à
Manheim, quoique je me fusse aperçu que quelques unes de
mes lettres ne luy parvenoient pas ; ce que j'augurais de son
silence sur beaucoup d'objets dont il ne me parloit pas.

Quelque temps après le décret qui accordait 12,000 liv. de
rente aux évêques, M. de Valence m'envoia une procuration
pour retirer sa pension. La procuration n'étant pas légalisée,
fut rejettée comme je l'appréendois ; je le priai tout de suite
de m'en envoier une seconde, qu'aiant reçu, je dressai sur le
champ ma requête, que je joignis à la procuration. Je la remis
à M. Desjaques, qui m'avoit marqué prendre beaucoup d'inté-
rêt à ce qui regardoit le prélat ; il me dit q[ue tous] les membres du département étoient arrivés, qu'ils seroient [à Valence]
une quinzaine de jours ; et qu'il étoit prudent d'attendre [leur
départ], parce que plusieurs d'entre eux luy paroissoient gens
[à faire des] difficultés ; je me déterminai donc à attendre le
[terme de cette assembl]ée, et à l'instant où j'appris que ces
M^rs là venoient [de partir et] qu'il n'y avoit plus à Valence que
le directoire du [département], je retournai chés M. Desjaques,
qui me dit qu'il ne [fallait plus espérer de rien rece]voir, à raison du décret contre les émigrés. Ainsi [M. de Valence com-
prit qu'il perdoit sa pension] par le défaut de légalisation de
|sa première procuration et non par ma négligence, ainsi] que
j'eus l'honneur de luy écrire ; et j'eus lieu de m'en convaincre
assés longtemps après, par une lettre que je reçus de sa part,

remplie de témoignages d'amitié et de reproches sur mon prétendu silence. J'allois avoir l'honneur de luy faire réponse, quand j'appris que la commune avait nommé des commissaires pour ouvrir toutes les lettres, tant celles qui partoient de Valence que celles qui y arrivoient ; et je fus forcé par là de garder le silence, par la crainte de me compromettre.

J'ai appris depuis, que dans le moment d'une dénonciation contre moi (laquelle n'a pas été la seule), une personne de l'assemblée populaire prit mon parti. La dénonciation portoit que j'avois des relations avec l'évêque diocésain, que je continuois de gouverner le diocèse, et qu'on ne voioit que prêtres et religieuses entrer chés moi. Un particulier, qu'on ne me nomma point, prit ma defense et prouva, par deux lettres de M. de Messey qui étoient au département, que je n'avois aucune relation avec luy, d'où j'augurai que les deux lettres de M. de Valence étoient analogues à la dernière que j'en avois reçue, par laquelle le prélat me faisoit des plaintes amicales sur mon silence.

La Convention nationale fit un décret, par lequel elle ordonnoit que tous ceux qui avoient des dépots concernant les émigrés, eussent à en faire la déclaration, sous peine de mort. Comme, dans ce temps là, il n'en coûtoit rien d'ôter la vie aux gens, je me déterminai, quoiqu'avec répugnance, à faire ma déclaration, dans laquelle j'articulai trois caisses, des hardes dans un armoire, sans dire en quoi elles consistoient, n'y aia[nt jam]ais regardé, et de plus une petite boëte contenant un[e croix pastorale et] deux bagues ; on ne me demanda rien pendant lo[ng temps et il semblait que la] municipalité aiant perd[u le souvenir de ma déclaration avait oublié] le dépôt ; aiant même été averti [que le domestique] de M. de Valence avait arrengé [les diverses pièces de l'a]rgenterie [. . . . . je résolus], en cas d'accident, de mettre au moins ce petit article a l'abri du nauffrage. Je fus pendant quelque temps assés tranquille là dessus ; mais le portier de l'évêché m'aiant averti que Nodoicin, que M. de Valence avoit eu pour concierge aux Viviers, avoit dit dans un cabaret que le district luy refusant les gages qui luy étoient dûs, il prendroit le parti de faire arrêter entre mes mains les effets appartenants à M. de Valence. Après cet avertissement je me décidai, sans en rien dire, à mettre l'argenterie avec les autres effets.

Je n'entendis plus rien dire depuis ; mais, sur la fin d'octobre 1793, la municipalité ordonna des visites domicilières pour vérifier la quantité de grains ou de farine qu'il pouvoit y avoir dans chaque maison. Le 31 du dit mois, il vint huit personnes dans ma maison, à la tête desquelles étoit le s$^r$ Dubesset, professeur en droit, l'un des hommes les plus mal famés de Valence et qui mérite à juste titre la réputation dont il jouit. Ses compagnons de visite parcoururent la maison de la cave aux greniers, et passèrent même à cotté des deux caisses appartenant à M. l'évêque de Valence sans y faire la plus légère attention. Il n'en fut pas de même du sieur Dubesset : il voulut fouiller dans les appartemens et jusqu'aux armoires de mes nièces ; il avoit avec luy une ou deux personnes de la troupe. Aiant aperçu une caisse de linge qui étoit à cotté d'une des armoires, ils voulurent absolument la décloüer, et je fus forcé d'avoüer que ces effets appartenoient au prélat ; et me demandèrent ce qu'il pouvoit avoir encore chés moy appartenant à M. de Valence, ce que je fus encore forcé d'avoüer, [le tout confor]me à ma déclaration ; sur quoi M. Dubesset, qui ignoroit [que j'eusse fait une déclarat]ion, me dit avec une maligne joie, que j'étois dans un [fort mauvais cas] : je luy répliquai que j'étois en règle, parce que ma [déclaration av]oit été faite en temps opportun. Vous auriès dû, [me dit-il], faire porter ce dépôt à la ville ; je répondis [alors que je n'étois] pas son valet, qu'aiant fait ma charge, le reste [ne me regardoit] pas. Je suivis cependant les effets à la commune . . . . . effets qui n'étoi[ent] . . . . . .

Je ne puis m'empêcher de raconter en passant deux traits de malignité du s$^r$ Dubesset. Le premier, c'est qu'au moment où il vit l'argenterie de M. de Valence, il la baisa avec les transports d'un homme qui délire, en regardant d'un air de satisfaction ceux qui étoient avec luy. Le 2$^e$, c'est qu'étant arrivé à la maison commune, son premier soin fut de demander le registre des déclarations, pour examiner si la mienne y étoit : ce que je regardai comme le trait d'un scélérat.

N'aiant plus alors de correspondance avec M. de Valence, je

ne pus luy faire part de l'évènement désagréable qui venoit de m'arriver, et je ne sçais s'il l'a pu apprendre d'ailleurs.

Longtemps avant l'enlèvement des effets du prélat, la Convention avoit décrété le serment de l'égalité et de la liberté : je fus surpris qu'on multiplia si fort les sermens ; mais la Convention aiant l'autorité en main, on ne pouvoit pas luy disputer de décréter un serment civique : toute la difficulté étoit de sçavoir si le serment qu'elle exigeoit étoit de nature à pouvoir être prêté en conscience. La chose bien examinée, il me parut que le serment ne donnoit aucune atteinte à la Religion. Les républiques démocratiques, telle que la république Helvétique, celles de Lucques et de St Marin ont pour base la liberté et l'égalité, et le catholicisme n'y étant pas moins pur que dans les monarchies, j'en conclus aisément qu'un serment qui porte sur l'égalité et la liberté ne renferme rien qui soit contraire à notre sainte religion. Je ne fis aucune difficulté à le prêter, et c'est ce qu'a fait la majeure partie de la France ; il a paru même de [fort] bons ouvrages relativement à ce serment, entre au[tres] celui fait par le p]lus fort antagoniste du serment [constitutionnel, car jusqu'ici] il n'a encore rien paru de plu[s fort : aussi j'ai toujours] été tranquille à ce sujet.

Je fus extrèmement étonné [de tout le bruit qu'on fit autour du] dit serment, [pour in]culque[r dans l'esprit du public cette opinion que je m'étais] très bien conduit jusqu'à l'époque du serment de l'égalité, mais que depuis j'avois été d'un très mauvais exemple ; ajoutant même que M. de Valence m'avoit retiré ses pouvoirs. Je fis tout le cas que méritoient ces propos, c'est à dire que je les méprisai, comme étans des traits de quelques idiotes, aiant du penchant pour la calomnie.

Je ne tardai pas cependant à faire quelques découvertes à ce sujet ; on vint me dire un jour que M. Mézard[1] étoit caché chés M. de Lancelin ; qu'on entroit dans sa grotte par une armoire,

1. *M. Mézard, dernier supérieur des prêtres du St-Sacrement dirigeant le séminaire de Valence, ne quitt[a] point la ville après la dispersion ; il fut vicaire général de Mgr de Messey à partir de 1795, adhéra au Concordat l'un des premiers et reçut ses lettres d'adhésion le 6 novembre 1802 ; il forma avec MM. Milaveaux et Bisson le conseil privé de Mgr Bécherel, jusqu'à la com-*

et qu'il étoit impossible de pouvoir l'y deviner à moins de connoître parfaitement le local. Je recommandai fort à la personne de ne pas éventer le secret, parce que ce seroit exposer M. Mézard et plus encore M. de Lencelin, qui devoit ignorer la chose. Dès cet instant je commençai à entrevoir un fil, quoiqu'assés imperceptible encore, de la trame ourdie contre moy et qui jusqu'alors m'avoit paru un énigme. Je ne doutai pas que le s<sup>r</sup> Mézard, prenant de l'humeur dans sa grotte, ne se fut permis quelque propos contre moy et que M. de Lancelin, joint aux religieuses initiées dans les mystères de l'homme caché, ne parlassent d'après luy.

Quoi qu'il en soit, je gardai inviolablement le secret, et je le recommandai de même à une autre personne, aussi bien instruite que la première, du tombeau où se cachoit le s<sup>r</sup> Mézard. Je fus pourtant tenté quelques instants d'avertir M. de Lancelin, qui courroit risque de périr par la guillotine, si on eut trouvé l'homme chés luy ; mais réfléchissant qu'il pouvoit y avoir un peu de l'humeur de ma part dans cette idée relativement aux propos tenus contre moy, je gardai un profond silence et sur M. Mézard et sur [M. de Lancelin.

Tous ces] menus propos ne tardèrent pas à se renouveller avec des [circonstances] qui me confirmèrent dans mes conjectures ; en parlant de [M. de Valence],on continuoit à dire qu'il m'avoit révoqué ses pouvoirs. [L'on disait que]le prélat étoit en Suisse ; je me convainquis alors que [M. Mézard était] le principal auteur de tous ces propos ; qu'aiant pu [se mettre en rapport avec son] confrère Morel [1], suisse d'origine et qui s'étoit retiré [dans son pays], ils avoient[pu [causer ens]emble [de mon administration et prêter] à M. de Valence des propos absolument contradictoires à la dernière lettre que j'en avois reçue, remplie de témoignages de bonté, et j'ose dire d'amitié à mon égard.

plète réorganisation du personnel des paroisses. Les actes que nous avons de M. Mézard, dénotent chez lui de l'érudition et beaucoup de piété, qualités qui se trouvaient rehaussées par une grande connaissance des hommes et une douce bonté sans faiblesse.

1. M. Morel était prêtre du St-Sacrement et l'un des professeurs du séminaire de Valence ; il se retira en Suisse après la dispersion.

Enfin la liberté du culte fut décrétée. Ce décret me fit un plaisir infini, mais j'appréhendai en même temps que cette lueur d'espérance ne s'évanouit bientôt, et qu'au lieu de tendre les bras à nos frères errans, on ne prit des moyens trop durs à leur égard, qu'à force de les repousser on ne les révoltat, et qu'on ne finit par attirer un nouveau décret qui mit le comble à nos maux. Ce qui s'est passé depuis ne me confirme que trop dans cette idée. Des prêtres qui s'étoient cachés, d'autres qui sont rentrés dans le Royaume, n'ont eu que le mot de schisme à la bouche. Des prétendus émissaires d'évêques se sont montrés, sans manifester aucun pouvoir, mais faisant circuler des papiers qu'on faisoit colporter par des femmes qui en faisoient lecture. Il en a paru icy quoyqu'il n'en fut pas besoin ; car le s⟨r⟩ Mézard, qui disoit aussi avoir des pouvoirs, ne s'oublioit pas à en faire circuler.

Ce qu'on faisoit à Valence, on le faisoit à Romans, et on nommoit trois capucins chargés de pouvoirs, sçavoir : un père Ange, que je ne connois pas ; un père Emilien, que M. de Grave ne put souffrir dans son couvent de Valence, parce qu'on l'accusoit d'y mettre le trouble ; et un père Célestin 1 que, pour les mêmes raisons, ses confrères de Valence avoient fait sortir de leur couvent. Les acteurs de Valence envoioient à Romans, comme peut-être y aiant des pouvoirs plus étendus que les leurs. La ville de Tournon avoit aus[si son é]missaire, qui étoit un jeune prêtre fort ignare, se di[sant nanti de po]uvoirs de M. l'archevêque p[our réconcilier tous les]ecclésiastiques, doiens, chanoines [et autres . . . . . . . . ] et le 23 du mois de mars dernie[r 2 on vint m'informer de ce qui se passoit et, après m'avoir parlé des opérati[ons de ces préten-dus délégués], on m'ajoutoit : on déchire ceux [qui ne veulent

1. Mince sujet, que ses confrères avoient fait sortir du couvent de Va-lence, parce qu'il y mettoit le trouble ; s'y disoit grand vicaire de Valence et passoit pour avoir les pouvoirs les plus étendus, et s'y donnoit sous le nom de l'abbé La Varole ; et le s⟨r⟩ Mézard, qui n'osoit encore se mon-trer, luy faisoit envoier. . . . toutes les personnes [qui s'adressoient à lui].

2. Le père Célestin, a qui on s'adressoit de Valence, s'est dit grand vicaire de l'Evêque ; il a dit ensuite tenir ses pouvoirs de l'abbé Despe-non, nouveau grand vicaire, et j'ai vu une lettre d'un jeune ecclésiastique

pas reconnaître leur autorité et] on inquiète… les ca[tholiques
qui ne recourent point à eux.  .  .  .  .  .  .  .  .  .
.  .  .  .  .  .  .  .  .  .  .  .  .  .  .  .  .  .  .  .  .  .  .|

Je fus un peu mieux instruit quelques jours après de ce qui
se passoit à Romans, où il n'y avoit précisément que le père
Célestin, qui portoit le nom d'abbé La Varole, lequel se disoit
tantot grand vicaire, tantot délégué d'un grand vicaire, don-
nant mystérieusement des rendés vous chez la veuve Faure,
chés qui il logeoit, et prenant un ton caffard et sérieux ; parlant beaucoup à ceux qui paroissoient l'écouter avec une admiration idiote, mais très silentieux à l'égard des personnes qui
raisonnoient ; et craignant toujours de se compromettre, ce qui
luy arrivoit fréquemment, mais recevant tous ceux qu'on luy
envoioit sans distinction. aiant reçu même, m'a t'on dit, la rétractation d'un prêtre marié et d'un autre qui avoit blasphèmé
en chaire.

Avant que d'être instruit de toutes ces moineries, j'avois reçu
chés moy le curé de la cathédrale [1], fort pénétré de tout ce qu'il
avoit fait ; touché moy même de son repentir, du désir qu'avoit
sa paroisse de luy voir reprendre ses fonctions et de l'impos-
sibilité de pouvoir recourir à Rome, je me proposois de le réconcilier et de luy faire reprendre ses fonctions, conjointement
avec le curé de St Jean [2], qui avoit jusqu'alors demeuré caché
à La Voute.

On m'avoit dit icy que nous pourrions disposer de l'église
des Pénitens, où nous pourrions commencer tous le service ; et
une personne honnête m'aiant dit qu'elle logeroit le curé de
St Jean, quand il reviendroit, je l'invitai à se rendre icy, et le
curé de la cathédrale en fit de même. Le curé de St Jean me

d'Annonay, qui écrivoit à une de ses parentes qu'il avoit les pouvoirs les
plus amples du prélat, et qu'il les avoit cédé à ce père. Un capucin de la
maison de Valence, qui s'y trouvoit dans le temps qu'on en fit sortir le
père Célestin, a été d'autant plus étonné du role que joue ce père qu'on le
regardoit dans la maison comme un très mince sujet.

1. *Pierre Perrin, curé de la cathédrale, puis chanoine titulaire.*

2. *J.-B. Sylve, des prêtres du St-Sacrement et desservant de St-Jean de
Valence, remplissant les fonctions d'official (Archiv. de l'Evêché).*

fit réponse qu'il reviendroit dans peu, mais qu'il se rendroit dans sa paroisse en arrivant. Il vint en effet, un couple de jours après, et fut descendre chés M. de Lancelin, chés qui son confrère avoit demeuré caché depuis.... et lequel étoit en relation avec le capucin et autres courreurs. .... J'appréhendai dès ce moment que ces hommes que la [crainte avait] retenu caché, se regardant comme les élites d'Israel, [n'abusassent] de la permission que nous avions de rétablir le culte ; [et que par leur] suggestion il ne s'élevat quelque nouveau schisme, qui [aurait pu entrainer l'an]éantissement entier de la Religion dans ce diocèse. [Naturellement je conclu]ois à cela par les propos que tenoient quelques bigottes, et qui se propageoient de maison en [maison................................................]

Le s$^r$ Sylve, curé de S$^t$ Jean, dit sa messe deux jours après dans une maison particulière, ou il y eut plusieurs invités, sans m'en faire part : j'avois dit au curé de la cathédrale qu'il feroit bien de l'aller voir. La première fois qu'il y fut, on luy dit qu'il n'avoit qu'à revenir le landemain à 5 heures du soir. Le lendemain on le renvoia au surlandemain, ce que je trouvai fort malhonnête ; cependant il y eut une messe d'invitation pour le jour de St Benoit, dans l'église de la Visitation, qu'avoit loüé M. de Jucy.

Toutes ces affectations, jointes à des propos indécens qu'on mettoit dans la bouche de quelques religieuses et autres personnes, me donnèrent la preuve de ce que j'avois conjecturé : c'est à-dire que les nouveaux venus, qui s'étoient prudemment cachés tandis que les autres étoient vexés à outrance, avoient l'intention de former une nouvelle Eglise ; et comme je me trouvois dans des circonstances à ne pouvoir employer les voyes de droit, je les laissai faire ; mais la paroisse de la cathédrale desirant que le curé reprit ses fonctions et m'aiant fait une pétition à ce sujet, j'adhérai à sa demande, et le dimanche suivant, aiant dit ma messe aux pénitens, le curé la dit après moy et fit un petit discours très édifiant, que bien de gens prirent pour une rétractation publique, si fort ce curé entra dans des sentimens de repentir sur tout ce qui s'étoit passé.

Comme on parloit toujours de personnes envoiées dans le

diocèse chargés de pouvoirs les plus amples, sans qu'ils en
donnassent la moindre preuve à ceux même qui s'adressoient
à eux, je ne faisois pas difficulté de leur renvoier tout le
monde. Mais les paroisses réclamant le service, faisant pétition
sur pétition. la majeure partie des curés ne voulant point s'y
adresser et ne voulant point reconnoitre d'autre supérieur
que moy en l'absence du prélat, je crus devoir faire droit à
leurs pétitions ; mais je me décidai à ne jamais recevoir : 1° les
misérables [qui avoie]nt pris femme ; 2° ceux qui, sans les avoir
imités, [avoient cependant blasphé]mé contre la Religion et
baffoué leur état ; 3° les intrus ; 4°.......... ; 5° enfin les ecclésiastiques de mœurs suspectes, dont plus que d'un a été accueilli
par les nouveaux [émis]saires.

Je me déterminai à prendre c[ette résolution quoique sans]
nouvelle de M. de Valence et [convaincu : 1° qu'a défaut de
pouvoirs particuliers], je les avois tous en son absence ; [2° parce que les habitans de chaque pa]roisse auroient fort désiré
[que le culte fut rétabli partout] ; 3° parce que ceux qui avoient
de grands désirs de voir le culte public se renouveller, rebutés
par les délais de son rétablissement, pouvoient s'accoutumer
insensiblement à s'en passer ; 4° parce que, dans les communautés en partie catoliques et en partie protestantes, les
catholiques craignoient de voir leurs églises envaies par les
protestans, qui demandoient déja à s'en emparer ; 5° parce
que plusieurs curés n'avoient fait leur serment constitutionnel
que par crainte ; 6° parce que plusieurs d'entre eux avoient
faits des restrictions, qu'on n'avoit pas couché il est vrai dans
le verbal du serment, mais qu'ils n'avoient pas moins faites
publiquement ; 7° parce que quelques uns d'entre eux avoient
été séduis par la proclamation de l'Assemblée constituante, qui
annonçoit quelque respect pour la religion et une détermination formelle de n'y faire aucun changement ; 8° parce que
plusieurs n'avoient eu aucune relation avec le nouvel évêque ;
9° parce que plusieurs n'avoient eu aucune connoissance des
brefs du Pape ; 10° enfin, parce que plusieurs d'entre eux
étoient dans la disposition de faire leur rétractation entre mes
mains en temps opportun, lesquels je n'avois pas voulu recevoir,

en aiant déja brulé *(des rétractations)* avant les visites domici-
liéres, pour ne pas les exposer, ni moi non plus.

Je voiois cependant que quelques religieuses ou quelques
autres femmes prêchoient ouvertement le schisme. On avoit
gagné même jusqu'à un chartreux de peu de sens, qui alloit
de porte en porte, pour dire qu'on ne pouvoit pas entendre la
messe aux Pénitens, où se faisoit le service de la paroisse de la
cathédrale ; il fut même jusques chés des prêtres pour les in-
viter à se rendre à Ste Marie, qui étoit la veritable église :
n'aiant pu persuader personne, un d'eux même l'aiant traité
d'imbécille, il prioit ensuite chacun d'eux de ne pas dire qu'il
leur avoit parlé.

Je vis a[vec] douleur que le peu de ressource que nous avions
pour réta[blir le cul]te alloient s'évanoüir: et un honnète [citoyen
me parla]nt un jour de cette scission et me demandant si je
voudrais recevoir M.] Sylve chés moy, s'il le déterminoit à ve-
nir, je luy [dis que certain]ement je le recevrois avec empressement, que même je [l'aurais reçu] chés moy même, si en
arrivant à Valence il eut été [déterminé a choisir ma maison
plutôt] que celle de la dame de Lancelin : et le particulier
[espéra longtemps qu'il le déterminer]oit à s'y rendre ; mais
une quinzaine de jours [après, il m'annon]ça qu'il ne devoit
plus être question [de cela].

[On m'annonça, comme une nouv]elle, une anecdot[e que] je
trouvai singuliére, scavoir que M. Capré, religieuse de Ver-
naison, s'étant adressé à M. Sylve pour faire ses Pâques, elle
le prévint qu'elle n'étoit pas décidée à rétracter son serment;
sur quoy M. Sylve luy demanda si elle ne le retracteroit pas
s'il venoit à être condamné par l'Eglise, à quoy la religieuse
aiant répondu qu'oui, elle fut admise : ces Mᵐ ne se confor-
ment donc pas aux instructions qu'on leur a donné, car il est
question dans ces instructions de demander la rétractation
ACTU et de renoncer à sa pension.

L'émissaire de Tournon a été plus loin, car il y a décidé que
les péres et méres des volontaires ne doivent rien recevoir de
la nation, que les distributions de pain sont des piéges tendus
aux fidèles.

2

J'eus un petit éclaircissement sur tout ce qui se passoit par M. Brochier, vicaire géneral de Vienne, qui par une lettre du 15 avril, qui me fut rendue le 25 du même mois par le canal de l'Hotel Dieu, (me disoit) que M. l'évêque de Valence avoit envoié des commissions de grand vicaire pour le diocèse de Valence aux R. P. Célestin Lavarol, Ange et Severin, que les deux derniers n'avoient pas voulu accepter et qu'il devoit la justice au P. Célestin de déclarer qu'il a exercé le s¹ ministère dans le diocèse de Vienne avec un zèle animé par la charité et dirigé par la prudence ; et je suis persuadé que si j'avois demandé à M. Brochier des preuves de ce qu'il avançoit, je l'aurois fort embarassé ; car après avoir quitté le diocèse de Valence, je ne scache pas qu'il ait été plus loing qu'à Romans, où depuis la Révolution il s'y est montré en habit de volontaire national et administroit le sabre au cotté.

Quoiqu'il en soit j'ai cru, étant [grand] vicaire, devoir me prêter aux besoins du diocèse par l'axiome, [en fait de pou]voir : « quoties impossibilis moraliter est recursus ad summum [pontificem], toties casus papalis fit episcopalis » ; et je n'ai pu m'empê[cher d'écrire une] lettre vigoureuse au pantalon Célestin, peu connu [de tous ceux qui ont pu faire son] éloge et qui ne l'est guères plus [de ceux qui oienter] être pour quelque chose [dans le règlement attribué] à M. l'archevêque de Vienne.

# IIᵉ MÉMOIRE

DE

## M. ANTOINE-AMABLE DE CHANTEMERLE

### VICAIRE-GÉNÉRAL DE VALENCE

---

OBSERVATIONS

SUR UN RÈGLEMENT DE CONDUITE ATTRIBUÉ
A M. L'ARCHEVÊQUE DE VIENNE.

---

On a répandu depuis quelque temps un règlement de conduite à tenir envers les prêtres assermentés, attribué à
M. l'arch(evêque) de Vienne, lequel, en supposant qu'il ait été
donné par cet archevêque, suppose en même temps qu'il n'a
été que très médiocrement instruit de tout ce qui s'est passé
dans l'intérieur de l'Etat, où, de l'aveu même des représentans
de la nation, il a regné pendant longtemps une anarchie plus
ou moins cruelle, plus ou moins désastreuse, suivant que ceux
qui en étoient les principaux acteurs étoient plus ou moins
féroces ; mais, sans entrer dans un détail qui nous conduiroit
trop loin, nous nous retrancherons aux observations que nous
ont fait naître le règlement dont il s'agit.

Nous sommes parfaitement d'accord avec M. l'archevêque
de Vienne pour ce qui regarde le serment constitutionnel et
nous convenons que tous les prêtres et fonctionnaires publics,
qui ont prêté purement et simplement le dit serment, et qui
ne l'ont pas rétracté dans le délais fixé par le bref du Pape du
mois d'avril 1791, ont encouru la suspense portée par le dit
bref, auquel a adhéré tout l'épiscopat, et que par cette raison
ils sont devenus irréguliers, s'ils ont continué leurs fonctions
étant liés par les censures de [l'Eglise] ; et cela ne fait aucune
difficulté eu égard aux intrus, [ni à l'égard de] tous ceux qui,
n'étant pas adstreints au dit serment, [l'ont prêté] de gaité de

cœur, eu égard même aux [fonctionna]ires publics qui s'y sont
déterminés pour se conformer[aux circons]tances, sans examen
préalable de ce qu'ils pouvoient [ou ne pou]voient pas.

[1° Mais] les fonctionnaires publics qui ont prêté le serment
avec [les réserves] les plus amples, qui n'ont eu aucune com-
munication [avec les schis]matiques et qui ont eu des relations
immédiates avec [l'autorité légitime], peuvent-ils être dans le
même cas ?

[2° Nous faisons] le même raisonnement, mais avec plus
[de restriction, pour ceux qui l'a]iant prêté [n'ont pas fait les ré-
serves] ordinaires comme les premiers, sans fraier en aucune
manière avec ceux qui avoient donné dans le schisme.

3° Ceux des deux classes cy dessus qui, aiant prêté le serment, étoient dans les dispositions de le rétracter, quand il
seroit jugé nécessaire, au moment que leurs supérieurs le trou-
veroient à propos, étoient-ils bien coupables ?

4° Enfin ceux qui n'ont jamais eu connoissance des brefs du
Pape, ont-ils encouru les peines portées par le dit bref ? Il en
est plusieurs qui ne les ont connus en aucune manière ; et le
défaut de la promulgation de la loi ne les excuse-t-il pas en
partie ?

Il est clair que le règlement, ne faisant aucune distinction des
uns et des autres, les met tous dans la même classe, et cela
est-il juste ?

Quand au serment de l'égalité et de la liberté, qu'ont prêté
tant les prêtres constitutionnels que les autres, on fait dire
dans le règlement que le Pape l'a condamné en plein consis-
toire comme renfermant réellement et substantiellement plus
de malice que le premier ; que Sa Sainteté cependant n'a pas
jugé à propos de donner un bref ; mais si Sa Sainteté eut pensé
ce qu'on luy attribue, n'eut elle pas donné un bref conforme au
premier, ou peut être même plus fort, suivant l'exigence du
cas, qu'on juge être plus grave ; et on ne peut supposer que,
quand on se détermine à couper un doit gangrené, on fasse
plus de difficulté de couper la main quand la gangrene l'a
gagnée.

Ce qui pourroit donner à penser que si le Pape a tenu le

propos qu'on luy prète, c'est qu'il n'a pas été exactement informé de tout ce qui s'est passé en France, où l'ancien régime
étant absolument anéanti par le fait, où pendant longtemps la
licence la plus affreuse a levé hardiment sa tète altière, de l'a-
veu même des représentans de la nati[on, il pou]voit peut être
croire qu'un serment qu'on luy représen[toit comme] la cause
d'une pareille licence, renfermoit beaucoup de m[alice : cela
tenoit] à l'extention ridicule qu'on luy donnoit : mai[s s'il n'a
prononcé aucune] peine, c'a été sans doute parceque [la liberté
et l'égalité sont] comme la base des républiques de [Parme, de
Gênes et de la] république Helvétique, en un m[ot de tout gou-
vernement] démocratique, il auroit cru en [la condamnant pro-
noncer ana]theme contre toutes ces répub[liques. Pourquoi
donc] fait-on dir[e par les courreurs] relativement au serment de
l'égalité dont on exige la rétractation, qu'il n'y a que ceux qui
persistent dans leur aveuglement, qui veulent discuter une cause
finie ; mais comment peut on regarder comme une cause finie
une cause qui n'est pas même commencée.

Tous ceux qui ont prêté ce serment auroient fort désiré
qu'on ne le leur eut pas demandé, parceque la multiplicité
des sermens en énerve la Religion et que conformément à
l'Evangile ils doivent être fort rares. Mais, dans l'alterna-
tive où ils se trouvoient ou de le prêter volontairement,
ou de s'attirer des persécutions fâcheu[ses], avant de prendre
aucune détermination, ils ont cru devoir examiner la chose
*in terminis* et suivant la signification exacte des mots liberté
et égalité, et de la manière dont tout le monde entend ces
mots ; et n'y aiant rien trouvé qui put allarmer une conscience délicate il ne se sont pas fait une peine de le prêter.
Et on sait de science certaine que les évèques et ecclésiastiques
anfermés aux Carmes de Paris, qui furent égorgés le 2 sep-
tembre 1792, aiant appris que le 14 août précédent le serment
de l'égalité avoit été décreté, s'assemblèrent sous la présidence
de M. l'arch(evèque) d'Arles pour en dire leur sentiment et
qu'ils furent unanimement de l'avis qu'on pouvoit le prêter.
Certainement cette décision doit être de quelque poid, et on
tient l'anecdote d'un grand vicaire qui, luy septième, fut assés

heureux pour échapper à cette affreuse boucherie où périrent
127 personnes [1]. De plus il a paru quelques écrits justificatifs
de ce serment, tandis qu'il n'en a paru aucun de contraire, si
ce n'est quelque plate Jérémiade sans raisonnement aucun et
le rédacteur du mémoire de M. l'archevêque de Vienne, qui
sans doute a voulu mettre de l'érudition. En [conséquence] le
*causa finita est* de St Augustin n'en pouvoit pas [recevoir une]
application plus lourde et plus malheureuse.

[Peu impo]rte que le serment ait décidé la continuation
du [traitement] de ceux qui l'ont prêté : il vouloit donc par sa
décision que par le [refus d'un serme]nt purement civique,
nullement contraire à la [Religion q]ue nous professons, ces
prêtres s'exposassent a mourir de [faim, car] il n'est que trop
vrai que la majeure partie d'entre [eux ne peuvent] se bercer
d'un avenir plus heureux, quand [on ne cesse d']inspirer aux
peuples que les prêtres étoient une [vermine dont] il falloit
promptement se débarasser et les [fidèles dévoués ne po]uroient
[rien dire, rien faire] pour les aider dans des jours surtout aussi
calamiteux que ceux qui viennent de s'écouler et dont les
maux paroissent s'aggraver par la disette des vivres, qui, quoiqu'a un prix exhorbitant, ne laissent pas que de hausser d'un
jour à l'autre. Ils avoient d'ailleurs un droit bien acquis à
leurs biens et revenus, et la pension qu'on leur a donné est,
à l'égard de plusieurs. bien au dessous du revenu qu'ils pos-
sedoient.

Tout ce qu'on dit des prêtres eu égard à la rétractation du
serment de l'égalité et de la renonciation à leur traitement,
on peut le dire à plus forte raison des religieuses ; et on ne
conçoit pas comment on ose leur proposer de renoncer à leurs
pensions, en leur disant pour toutes raisons de se confier à la
divine Providence. Oui, il faut se confier à la Providence, c'est
une vérité de foi ; mais une vérité qui n'appartient pas moins
à la foi, c'est qu'il ne faut jamais tenter Dieu, et c'est le tenter
que de compter sur un secours qui. vu la misère des temps,

1. On a été informé depuis que tout le clergé, tant séculiers que régu-
lier de Paris, a la même opinion . . . . . . .

ne peut porter que sur un miracle, et Dieu ne nous en doit
point. Plusieurs d'entre elles n'ont point de parens ; d'autres
en ont qui, froissés et opprimés par les suites de la Révolution, sont dans une pénurie absolüe de toutes choses et ont à
peine de quoy sustenter leur pauvre famille. Comment ensuite
pouvoir se charger d'un nouveau fardeau au delà de leur force,
et tout cela à raison d'un serment dont l'objet est tout au
moins problématique.

En un mot, quoique l'autorité de M. l'arch(evêque) de Vienne soit des plus respectables, on peut dire hard[iment q]ue
l'idée juste ou injuste qu'on peut avoir ou mê[me profess]er du
serment] de l'égalité, ne git encore qu'en opinion, et que [l'on
peut soutenir cette opinion] sans blesser la conscience . . . .
. . . . . . . . . . . . . . . . . . . . . . . . [1]

L'article 6 relatif au serment de l'égalité et de la liberté dit
que les assermentés qui ont satisfait à l'art. précédent (c'est-
à-dire qui auront fait une rétractation pratique du serment de
l'égalité) peuvent être absous, toujours avec la promesse de se
conformer aux décisions de l'Eglise, quand ils en auront connoissance ; donc l'Eglise n'a encore rien décidé à ce sujet, donc
on fait un péché d'une chose qui ne git encore qu'en opinion :
et un péché si grand qu'on refuse l'absolution à quiconque ne
rétractera pas. Il est bien certain que si l'Eglise prononce à ce
sujet, il n'est personne qui ne se montre un enfan(t) très do-
cile ; mais il n'en est pas moins surprenant que sans au[cune]
loi de l'Eglise, on veuille refuser l'absolution à qui n'aura [re-
tracté] et que l'assermenté ne puisse recevoir son traitement.
[Je serais heur]eux de scavoir où le rédacteur du règlement a
pris [les principes] qui l'ont dirigé.

Le rédacteur du mémoire de M. l'archev(èque) de Vienne
ne se courou[ce] pas moins contre le certificat de civisme que
contre le serment de l'égalité, mais avec tout aussi peu de raison ; les prêtres étoient necessairement obligé de se le pro-
curer pour n'être pas enfermés, guillotinés ou noyés : car voi-

1. On a appris depuis que tous les évêques qui ne se sont pas émigré
ont prêté le dit serment . . . . . . . . . . . . . . . . . . .

là les charmantes alternatives où étoient les prêtres que la
crainte n'avoit pu décider à se cacher ou à s'évader ; encore
s'en est-il trouvé plusieurs qui, munis d'un ample certificat
de civisme, en la meilleure forme possible, n'ont pas laissé que
d'être guillotinés ou noyés.

[Dans] l'art. 8 relatif aux prêtres constitutionnels, il est
dit [que les prêtres] depretrisés ou qui, par des lettres
adressées aux [autorités co]nstituées, ont renoncé à leurs fonctions ou à leur [ordre], ou qui ont inséré leurs rétractations
dans des registres [......... seront ad]mis à la rétractation
publique.

[Mais il est bon] de ne rien confondre : il est certain que
ceux [qui ont livré leurs lettres] de prêtrise[......] que l'erreur,
qui ont publiquement renoncé autant qu'il étoit en eux à leur
état de prêtre qu'il deshonnoroient, et qui ont même tiré vanité
de cette honteuse infamie, sont soumis à une rétractation publique ; on ne pense pas même qu'ils puissent jamais être reçu dans le sein de l'Eglise, et ils se sont mis d'eux mêmes dans
la classe des apostats.

Ceux qui ont tenu une conduite à peu près aprochante de
ces premiers, mais qui ne s'y sont abandonnés qu'abbatus
par la crainte et la terreur, sont dans un cas à la vérité un peu
moins blamable : mais on ne sçauroit les disculper, parce que,
s'il est des occasions où il est urgent de manifester sa foy,
c'est principalement dans la position où ils se sont trouvé, et
on pense qu'on ne doit les admettre qu'après les plus fortes
épreuves.

Ces deux exceptions à part, on peut mettre en thèse générale
que quand les armées révolutionnaires ont parcourru les départemens en faisant des imprécations d'énergumène contre
les prêtres et leur ont fait demander impérieusement par les
membres des districts de promettre ou de s'abstenir de l'exercice public de leurs fonctions [1], il n'est pas douteux qu'ils

---

1. Outre l'armée révolutionnaire, l'assemblée populaire et le comité de
surveillance de Valence etoient tres mal famés, non seulement dans le
lieu, mais encore dans les départemens voisins ; et les ecclésiastiques
etoient vis-à-vis d'eux comme un honnète homme attaqué dans un bois

n'aient pu le faire sans être tenu à rien, conformément à la maxime du grand Bossuet, scavoir *que tout acte extorqué par la force est nul de droit et réclame contre la force* ; et n'eussent-ils pas promis de s'abstenir de l'exercice public de leurs fonctions ; en supposant même qu'il ne fut rien résulté contre eux d'un pareil refus, il est certain que les églises etant dépouillées, profanées et fermées, il leur étoit impossible d'y faire la moindre fonction quand même ils en auroient le plus grand désir.

Mais, ajoute-t-on, il est plusieurs prêtres à qui l'on a fait donner leurs lettres de prêtrise, d|onc ils| se sont depretrisés. Raisonnement absurde. s'il en fut j[amais, com]me si des lettres de pretrise conferoient le sacerdoce. . . . . . . . . . . . . . . . . . . . . . .

Ceux là se sont réellement depretrisés, qui ont blasphemé notre sainte Religion, qui ont osé dire qu'ils ont prêché l'erreur, qui ont baffoué leur caractère de prêtre, etc., etc.. etc. Ce sont, on en convient, des hommes abominables et des apostats, soit qu'ils se soient portés à ces excès de propos délibéré, soit qu'ils aient agi par crainte ; car en pareil cas. rien ne les peut excuser et ils auroient du préférer l'échaffeau.

[Mais les lettres de prètrise] ne sont que le certificat de l'évêque qui déclare [qu'il a conféré] la pretrise à tel ou à tel ; tout comme son extrait baptistaire énonce qu'un tel ou tel a été baptisé tel jour, et comme le baptisé peut donner son extrait baptistaire sans cesser d'être chrétien, de même le prètre peut donner ses lettres sans rien perdre du sacerdoce ; et souvent des prêtres négligens oublient de prendre leurs lettres de prètrise aux secrétariats des évêchés.

Enfin, disent les coureurs se prétendants nantis des pouvoirs les plus amples, ceux qui ont donné leurs lettres sont de vrais traditeurs. Vrais imbéciles ! a qui on a appris un mot, sans leur en donner la signification, mais qu'ils mettent en

par des assassins, et toutes les promesses que la crainte auroit pu luy arracher dans cet état ne l'obligeroient à rien. Presque à la même époque on faisoit des listes pour envoier au tribunal revolutionnaire d'Orange, et les prêtres etoient dans le. . . . . . . . . de promettre. . . . . . . . . .

avant, et quelques femmes après eux. S$^t$ Cyprien, qui s'élevoit si fort contre les traditeurs, seroit fort étonné qu'on donnât un nom si consequent à des prêtres qui auroient donné leurs lettres de prêtrise.

Qu'ils apprennent une fois pour toutes, que dans les plus fortes persecutions de la Religion chrétienne par les empereurs payens, ils en vouloient principalement aux saintes Ecritures, que les chrétiens conservoient avec le plus grand soin, comme le dépot de leur foi ; et ces mêmes empereurs etoient fortement persuadés que, s'ils pouvoient les anéantir, ils parviendroient plus aisément à éteindre le nom chrétien. Or il est bon de remarquer que dans ces siècles, ou l'imprimerie n'etoit point connüe, il n'y avoit qu'un tres petit nombre de manuscrits dans chaque eglise et qu'il paroissoit tres possible de les enlever ; c'étoit donc un tres grand crime à tout fidèle d'en livrer la moindre partie, et tous ceux qui tomboient dans ce facheux cas étoient apellés traditeurs ; mais qui auroit imaginé que, vers la fin du 18$^e$ siècle, on s'aviseroit d'apeller traditeurs les pretres qui delivreroient leurs certificats de pretrise à gens qui menacoient de les égorger.

[Comm]ent ose t'on donc nommer traditeurs ceux qui ont [livré leurs] lettres de pretrise. Cette qualification eut été sans doute bien mieux [app]liquée a tant de chapitres, a tant de communautés de l'un et de [l'autre sexe et aussi] a tant de curés qui ont livré les vases sacrés, les reliquaires, [les livres] et tous leurs ornemens............... [N'ont-ils pas fait un grand mal] à la Religion en privant ainsi les eglises de tout ce qui etoit necessaire au culte ; et cet abandon a bien plus d'analogie avec ce que faisoient les traditeurs, puisque les livres d'eglise renferment une partie considérable de l'Ecriture sainte, et qu'en outre on a livré tout ce qui servoit au s$^t$ ministère. Cependant a t'on inculpé un seul chapitre, une seule communauté du dépouillement universel de leur église ? On s'est contenté d'en gémir sans blamer personne, parcequ'on etoit contraint de céder à la force, et on fairoit un crime a des ecclésiastiques dans le même cas, d'avoir fait la cession de leurs lettres ou certificat de pretrise ? c'est, en vérité, créer des phantomes pour les combattre.

Il y auroit encore grand nombre d'observations à faire, tant sur le règlement qui court sous le nom de M. l'arch(evêque) de Vienne que sur certains autres papiers colportés par des personnes inconnues ; et on ne peut comprendre comment de prétendus émissaires de M. l'archevêque de Vienne, sans manifester les pouvoirs qu'ils disent leur avoir été donnés, parcourrent les diocèses, non pour demander, il est vrai, des rétractations publiques, mais néantmoins par écrit, avec promesse de les faire publiquement, quand ils en seront requis ; et que pour parvenir à ces fins, on se serve de quelques femmes pour porter les instructions chés les personnes qu'on veut tacher de ramener, sans que les dittes instructions soient cachetées, de manière que ces femmes en prennent lecture, en jasent bien ou mal, exposent par leur indiscrétion ceux a qui on les adresse, et déchirent à outrance la réputation de ceux qui font difficulté de s'y soumettre.

Peut on d'ailleurs, dans des temps aussi difficiles que celuy ou nous nous trouvons, imaginer [des sys]tèmes durs et révoltans, capables de repousser ce[ux] qui ont le plus d'empressement de [retour et de provoquer de] nouvelles scissions propres à étouffer [tous les germes] d'espérance de retablir insensible-[ment le culte et de nous pousser à] des malheurs semblables à ceux [que nous avons éprouvés et] peut etre pires.

Ce n'est pas ainsi [qu'on agit pendant l'hérésie] qui désola l'Affrique. Les evêques catholiques, pour ramener les evêques Donatistes dans le sein de l'Eglise, offrirent de leur ceder jusqu'à leurs sièges, s'ils vouloient renoncer à leurs erreurs ; et cette charité des evêques d'Affrique, qui a fait l'admiration de tous les siècles postérieurs, paroitroit donc aujourd'huy une condescendance exhorbitante, et leur charité ne devroit elle pas engager à prendre des voies de douceur pour ceux même des subalternes qui ont donné dans le schisme, a plus forte raison a ne point inquiéter ceux qui, n'aiant donné en aucune manière dans le schisme, ont dans des temps de licence pris les moyens que leur dictoit la prudence pour écarter l'orage.

On veut bien croire que le rédacteur du règlement de M. l'archevêque est un homme d'une conscience timorée ; mais cela ne suffit pas pour faire des reglemens propres à instruire toute une province ecclésiastique, si on manque des lumières nécessaires à une pareille entreprise, si on ne scait pas exactement tout ce qui s'est passé sur les lieux, si on a ignoré quels etoient les cantons les plus exposés, ceux ou l'acharnement etoit plus marqué contre tout ce qui tenoit à l'Eglise, car alors on ne discerne pas avec justesse, on marche sans cesse a tatons, on va au hasard. Dans la crainte de n'en pas dire assés, on cave au plus fort pour ne pas manquer son but, et le résultat d'une pareille opération est de mettre le trouble dans les consciences de ceux qui par pusillanimité croient tout sans examiner.

*En terminant, et sous forme de post scriptum, M. de Chantemerle revient sur le serment de l'égalité et dit que le règlement attribué à l'archevêque de Vienne n'a servi qu'à faire des parjures de ceux qui, après l'avoir rétracté, continuent à recevoir leurs pensions du gouvernement, attendu que ce serment avait été prêté comme une condition absolue, sans laquelle les pensions n'étaient point payées. Il ne pensait pas non plus qu'ils pussent être en sûreté de conscience, ceux qui ayant été assez adroits pour éviter de prêter ce serment, retiraient néanmoins leurs pensions, sous la production d'un certificat de civisme qui supposait toujours le serment.*

Montbéliard. Imp. P. Hoffmann.

Imprimé en France
FROC021225220120
23240FR00018B/467/P